Nuevo

¡Bravo, bravo!

Santillana USA

Published in the United States of America.

Personas Student Book 2
ISBN: 1-58986-568-5

Santillana USA Publishing Company, Inc.
2105 N.W. 86th Avenue
Miami, FL 33122

Printed in USA by HCI Press

11 10 09 08 07   5 6 7 8 9 10 11

Contenido

¡QUÉ SORPRESA!

Como todas las mañanas, Martino, Martina, Felipe y su abuela
salen del pueblo.

Unas horas más tarde, en el pueblo...

No es un avión.
No es un carro.
No es un tren.
¿Qué es, entonces?

¿Quién conoce a estos niños?

Toma una galleta. ¿Conoces tú a estos niños?

Ha llegado al pueblo un hombre muy raro.

Y me ha dado una galleta. Pero no me gusta.

¡Oh, no!

¡Es el Galletero Mayor!

3

Martina y Martino van a aprender muchas cosas en este viaje.

¿Qué pasa?

Llega una astronave. Un hombre extraño **baja** de la astronave.

Termina el partido. El equipo A **celebra** la victoria.

Llega el cartero. **Deja** dos cartas.

¿Qué ha pasado?

- *Ahora, tú.*

Ha llegado una astronave.
Un hombre extraño
ha bajado de la astronave.

¿Cómo has venido?

- **Ahora, tú.**

 en carro   en taxi   en bicicleta   a pie

últimas novedades

¡El vehículo que todos los habitantes de Rueda necesitan!

Para una, cinco, doce o más personas. Viaja por el aire, por la tierra, por el agua y también por el espacio.
Y cabe en una mochila.

EMISORES

El emisor-receptor universal

Comunica con tus amigos:
en casa, en el parque,
en el espacio...
Pesa poco y...
¡cabe en el bolsillo!

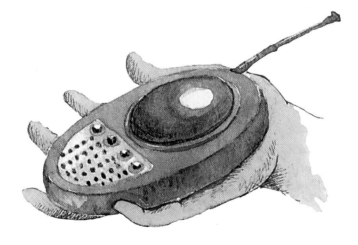

De acuerdo

1 Observa y escucha.

2 Escucha y repite.

3 Ahora, tú y tu compañero o compañera.

TU COMPAÑERO/A   TÚ

1. ¿Vamos al cine?
2. ¿Compramos un pastel?
3. ¿Vemos la televisión?

De acuerdo.   ¡De acuerdo!

Un poncho

Materiales

tela o papel fino
de 4 x 4 pies

tijeras

lanas de colores

una aguja

un lápiz

un pincel

pintura

• **¡Manos a la obra!**

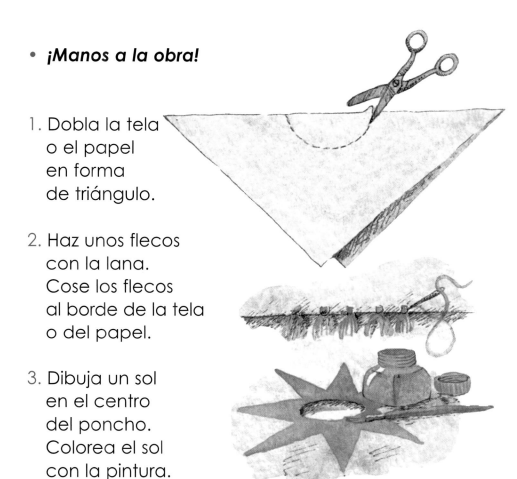

1. Dobla la tela
   o el papel
   en forma
   de triángulo.

2. Haz unos flecos
   con la lana.
   Cose los flecos
   al borde de la tela
   o del papel.

3. Dibuja un sol
   en el centro
   del poncho.
   Colorea el sol
   con la pintura.

¡Ya está!

11

PAISAJES de AMÉRICA

El lago Titicaca está a 12,500 pies de altitud, entre Bolivia y Perú.
Su extensión es de 3,205 millas cuadradas.

Las cataratas del Iguazú tienen 234 pies de altura y están entre Brasil y Argentina.

13

Estamos en México. Ésta es una de sus pirámides mayas.

¡Qué maravilla!

¡Es fantástica!

Pirámide del Castillo. Chichén Itzá. México.

La iguana es un animal común en México. Su carne y sus huevos son comestibles.

Es un animal muy raro.

Tú y yo no subimos. Esperamos aquí.

14

El Río Grande separa México de los Estados Unidos.

Para hablar

Una visita turística

Ciudad de Nueva York

- **Ahora, tú.**

El Museo Metropolitano	La Estatua de la Libertad
El zoo	El museo de ciencias

Un día de excursión

Hoy **hemos ido** a la playa...

1. **ir** a la playa

2. **viajar** en autobús

3. **jugar** a la pelota

4. **tomar** el sol

5. **nadar** en el mar

6. **correr** mucho

Para ir a la playa

• **Ahora, tú.**

el traje de baño: sí

la comida: no

un sombrero:

libros:

una toalla:

Un planeta distinto

En Rueda no llueve, no nieva, no hace viento. Siempre hace sol, siempre hace la misma temperatura: ni frío, ni calor.

Por eso la gente no usa botas, ni paraguas, ni guantes, ni bufandas…

El paisaje es todo igual: no hay mar, ni ríos, ni montañas, ni bosques.

Sólo hay árboles de galletas y flores sin olor.

Rueda es un planeta un poco aburrido. Pero al Galletero Mayor le gusta su planeta.

¿Verdad?

1 Observa y escucha.

2 Escucha y repite.

3 Ahora, tú.

—Mañana tenemos un examen, ¿verdad?

—Sí, mañana tenemos un examen.

—Mañana tenemos un examen, Laura.

—Entonces vamos a estudiar.

Un mapa

BRASIL   ARGENTINA
BOLIVIA   PERÚ   MÉXICO

Materiales

cartulina
papel calco
marcadores

- **¡Manos a la obra!**

1. Calca el mapa
   y dibújalo
   en la cartulina.

2. Escribe los nombres
   de los países que han visitado
   nuestros amigos.

3. Colorea cada país
   de un color.

¿Dónde están?

Mientras nuestros amigos viajan por América, la policía llega al pueblo.

Todos los policías de América Latina buscan, sin éxito, a Martino y Martina.

La policía los busca por la tierra, por el mar y por el aire.

24

Y mientras el Galletero Mayor está en la cárcel, nuestros amigos están nadando, jugando, disfrutando de la playa y del mar. ¡Qué lindas vacaciones!

Para hablar

Corrí...

Carmen - Manuel

correr en una competición

CARMEN: El sábado por la tarde **corrí** en una competición.

MANUEL: **¿Ganaste** la competición?

CARMEN: No, porque **entré** de última.

Javier - Rosario

bailar en un concurso

JAVIER: El sábado por la tarde ______ en un concurso.

ROSARIO: ¿ ______ el concurso?

JAVIER: No, porque ______ una cáscara de banana.

Entré…

ganar / entrar de última

MANUEL: Carmen **corrió** en una competición
el sábado por la tarde.

No **ganó** porque **entró** de última.

ganar / pisar una cáscara de banana

ROSARIO: Javier   en un concurso
el sábado por la tarde.

No   porque   una cáscara
de banana.

Para hablar

Algo   Nada

¿Hay algo en el árbol?

Sí, hay algo: manzanas, pájaros y un mono.

No, no hay nada.

¿Hay algo en la nevera?

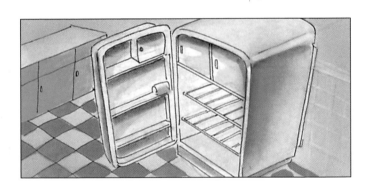

¿Hay algo en la caja?

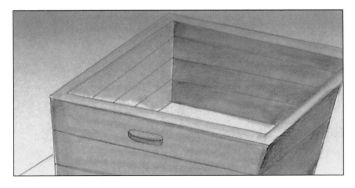

28

El C.I.R.C.O.

En el planeta Rueda no hay teléfonos, ni televisión, ni periódicos. No son necesarios: hay un Centro de Información Rápida y Comunicación Organizada (C.I.R.C.O.).

Los técnicos del C.I.R.C.O. pueden contestar a todas las preguntas:
–He perdido mi pelota. ¿Sabes dónde está?
–¿Hay habitantes en Marte?
–¿Cuánto es 9,987 x 9,297?
–¿Qué ha pasado hoy en Venus?

Los habitantes de Rueda tienen un emisor-receptor para comunicarse con el C.I.R.C.O. Pero los niños no lo llevan. Por eso, nuestros amigos no pueden comunicarse con su planeta, pero el Galletero sí.

¿Viajar o bailar?

1 Escucha.

Alicia viaja mañana.

La falda está sucia.

Hay una hoja en el aire.

A Maite le gusta bailar.

2 Ahora, repite.

3 Escucha y aprende.

Baila, baila, mariposa
que la lluvia ya se va.
Baila y viaja con el aire
y el Sol pronto vendrá.

Un collar de las islas

Materiales

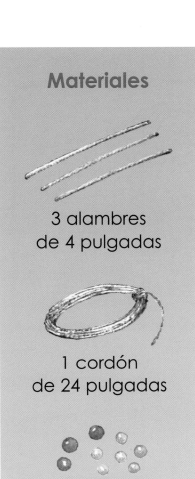

3 alambres
de 4 pulgadas

1 cordón
de 24 pulgadas

9 cuentas
pequeñas

6 cuentas
grandes

cartulina de color
pegamento
tijeras y lápiz

- **¡Manos a la obra!**

1. Corta siete rectángulos de 4 × 2 pulgadas en la cartulina. Enrolla cada rectángulo y pégalo bien.

2. Mete por el cordón cuatro de los adornos que acabas de hacer y tres cuentas pequeñas.

3. Haz el cierre del collar con un nudo.

4. Dobla el extremo de cada alambre. Mete en cada uno un adorno, tres cuentas pequeñas y una grande.

5. Engancha cada alambre por el extremo libre a tres puntos del collar.

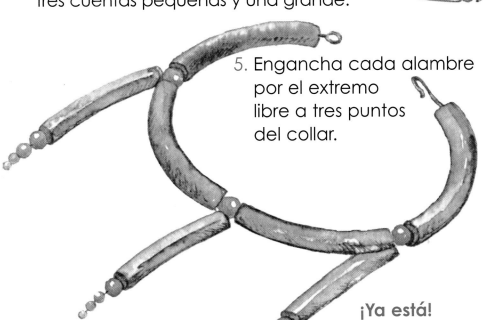

¡Ya está!

Unidos

El policía está dudando.

El jefe de policía entiende la situación.

Van a seguir buscando a Martino y Martina, pero ahora juntos.

Después de recorrer kilómetros y kilómetros, de ver mil playas
y de preguntar a mil personas…

Una visita al museo

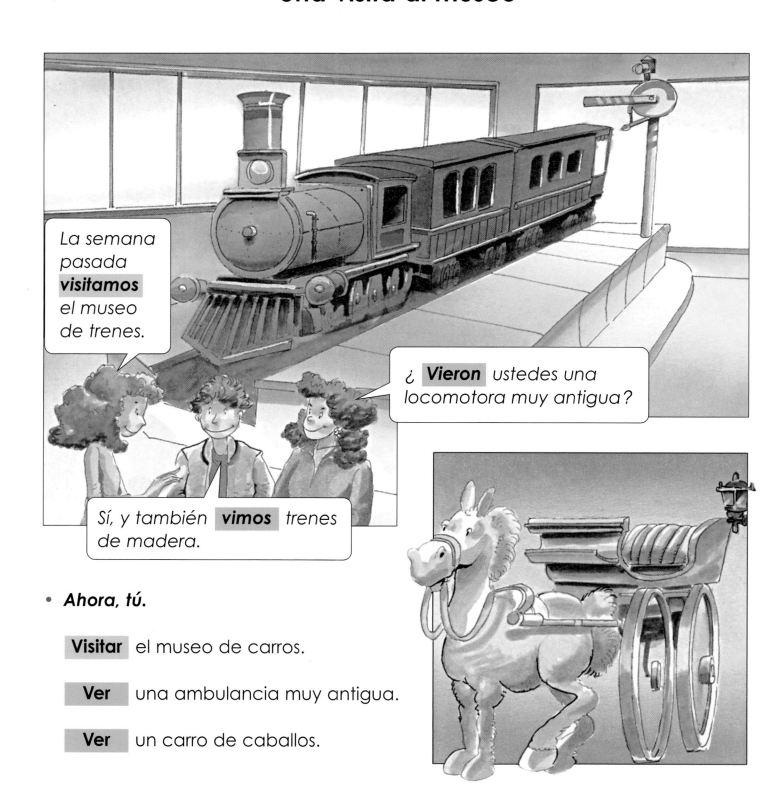

La semana pasada **visitamos** el museo de trenes.

¿ **Vieron** ustedes una locomotora muy antigua?

Sí, y también **vimos** trenes de madera.

• **Ahora, tú.**

Visitar el museo de carros.

Ver una ambulancia muy antigua.

Ver un carro de caballos.

¿Qué vieron?

1. Ellos vieron un carro de bomberos muy grande.

1. Un carro de bomberos muy grande.

2. Una ambulancia muy antigua.

3. Un bus muy alto.

4. Un camión muy largo.

5. Un carro de policía muy moderno.

6. Un taxi muy pequeño.

Ayer...

Ayer, **cuando terminó** la clase,

salir al jardín

Cuando...

jugar a la pelota

Cuando...

comer el sandwich

Ayer, **cuando terminó** la clase, **salimos** al jardín.
Cuando salimos...

38

El doctor Rueda

Cuando les duele un poco la cabeza, los habitantes de Rueda van a ver al doctor Rueda. Este doctor tiene una rueda que cura los dolores. Los enfermos se suben a la rueda del doctor y dan cien vueltas. Cuando les duele mucho, dan mil vueltas en la rueda.

A los habitantes de Rueda les gusta tanto dar vueltas que se olvidan del dolor.

Hoy, vacaciones

1 *Escucha.*

En vacaciones me gusta escuchar
canciones por la radio.

Hoy no voy al cine
porque estoy cansada.

2 *Ahora, escucha y repite.*

3 *Escucha y aprende.*

Adivinanza

Somos doce hermanitos,
yo, el segundo nací,
y soy el más pequeñito.
¿Cómo puede ser así?

(Solución: Es el mes de febrero.)

40

La Isla de Pascua

Materiales

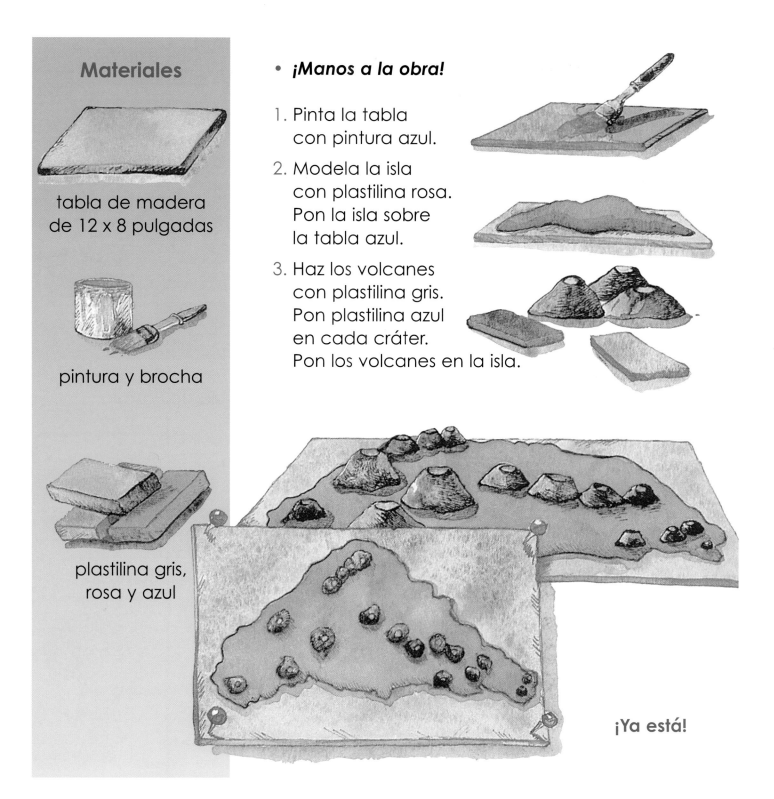

tabla de madera
de 12 x 8 pulgadas

pintura y brocha

plastilina gris,
rosa y azul

• *¡Manos a la obra!*

1. Pinta la tabla
   con pintura azul.

2. Modela la isla
   con plastilina rosa.
   Pon la isla sobre
   la tabla azul.

3. Haz los volcanes
   con plastilina gris.
   Pon plastilina azul
   en cada cráter.
   Pon los volcanes en la isla.

¡Ya está!

Jugando al escondite

El Galletero Mayor y el jefe de policía han aterrizado en la Isla de Pascua.

Mientras el Galletero Mayor y los policías los buscan, los niños juegan al escondite en un volcán.

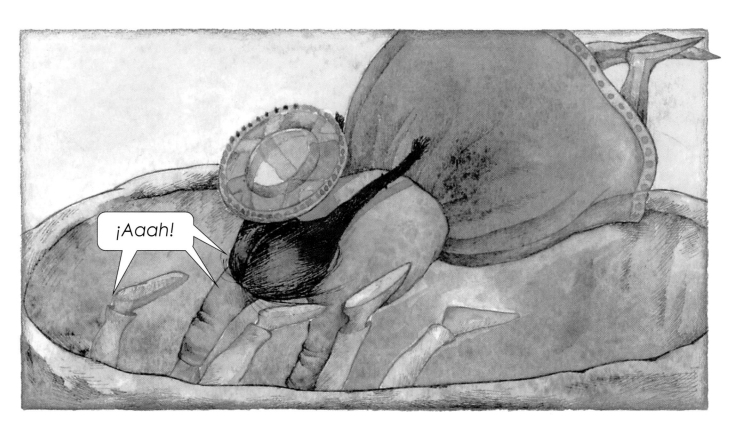

¿Qué hago?

• **Ahora, tú.**

¿Subo?   Sí, sube.

subir

bajar

cantar / tocar la guitarra

bajar / saltar

47

Prohibido

- **¿Qué está prohibido en la escuela?**

Está prohibido fumar.

1. fumar
2. comer en clase
3. tirar papeles al suelo
4. meter la bicicleta en la clase

5. escribir en las mesas
6. entrar con perros
7. dibujar en las paredes

- **¿Qué dices a estos niños?**

> Por favor,
> **no tires**
> papeles
> al suelo.

Jugar en redondo

En el planeta Rueda, juegos y juguetes son redondos.
Niños y mayores juegan a...

la espiral

la fuente
de las pelotas

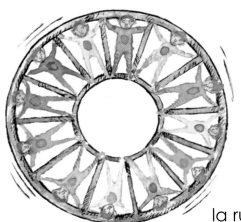

la rueda humana

la carrera de ruedas

Pero, en Rueda
no saben jugar
como tú...
¡al corro!

El peine del rey

1 Escucha.

La reina quiere un peine.

El rey tiene dos: uno de oro
y otro de plata

– Reina, ¡toma el peine de plata!
– Rey, ¡quiero el peine de oro!

La reina sin peine se quedó.

2 Ahora, escucha y repite.

3 Escucha y aprende.

A la sillita la reina
que nunca se peina;
un día se peinó,
y seis pelos se arrancó.

¿Cómo es un volcán?

Materiales

lámina de corcho

cinta adhesiva
roja

lápiz
tijeras
pegamento
papel blanco fino

- **¡Manos a la obra!**

1. Dibuja el volcán
   en el corcho.
   Recorta el dibujo.

2. Dibuja la chimenea del volcán.
   Pega cinta adhesiva roja
   en la chimenea.

3. Corta unas tiras estrechas
   de cinta adhesiva roja.
   Pega las tiras en el cráter
   del volcán.

4. Corta el papel en círculos
   pequeños y grandes.
   Arruga los círculos y pégalos
   por encima de las tiras
   de cinta adhesiva.

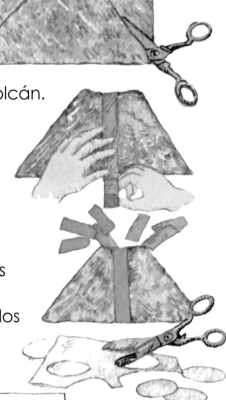

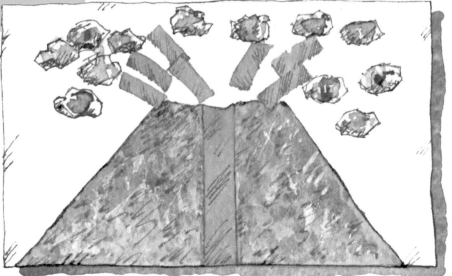

¡Ya está!

EL RESCATE

LA HISPANIDAD

Rescatados los niños extraterrestres

La policía encontró a los dos niños de Rueda en la Isla de Pascua. Con ellos se encontraban Felipe, el niño peruano, y su abuela. Gracias a la unión del Galletero Mayor, enviado del planeta Rueda, y de la policía, la operación rescate fue un éxito.

PACTO INTERPLANETARIO

El planeta Rueda y el planeta Tierra han firmado un acuerdo de colaboración. Representantes de la Tierra viajarán a Rueda, para ofrecer a sus habitantes todos los sabores y olores de la Tierra.

Rueda, a cambio, nos enviará técnicos para fabricar aquí sus vehículos. Con este nuevo medio de transporte, van a desaparecer de nuestro planeta la contaminación, los ruidos y los malos olores.

Martino y Martina están contentos de volver a Rueda. La abuela se va con ellos.

Felipe y la abuela se preparan para una nueva aventura: ¡el viaje a Rueda!

¿Qué llevas?   Llevo...

Llevo pantalones azules, botas altas y un suéter amarillo. En el brazo derecho, llevo un reloj.

Alfonso

Margarita

Lucas

- **Y tú, ¿qué llevas hoy?**

¿Me pongo… ?

• **Ahora, tú y tu compañero o compañera.**

- esta falda azul
- esta blusa amarilla

- el suéter rojo
- los zapatos marrones

Todas las mañanas...

1. Raquel se levanta.

2. Se lava.

3. Se peina.

4. Se viste.

5. Desayuna.

6. Se va a la escuela.

¿Qué hace Francisco todas las mañanas?

1. lavarse

2. peinarse

3. vestirse

4. tomarse la leche

5. subirse al carro
de su papá

6. irse a la escuela

Un extraño animal

Es pequeño como una mano, y de colores como el arco iris.

Tiene ojos de búho, alas de mosca y pico de pájaro.
También tiene cuatro patas y un rabo muy largo.

Juega con los niños, come en la mano de los mayores,
duerme solo en una casa transparente.

No tiene nombre.

Es el único animal del planeta Rueda.

Ritmos y sonidos

1 *Escucha.*

Trato hecho

–Oye, pichoncito amigo,
yo quiero jugar contigo.

–Niño, si quieres jugar,
ven, sube a mi palomar.

–Me faltan alas, no puedo...
baja tú, no tengas miedo.

–Sin miedo voy a bajar,
y jugaré satisfecho
pero trigo me has de dar.

–Pichoncito, trato hecho.

AMADO NERVO

2 *Ahora, aprende el diálogo del personaje que más te gusta.*

3 *Recita.*

60

Una máscara

Materiales

cartulina gris,
azul, blanca
y de otros colores

tijeras

pegamento

lápiz

- **¡Manos a la obra!**

1. Dibuja la máscara
en la cartulina gris
y recórtala.
Recorta las aberturas
para los ojos y la boca.

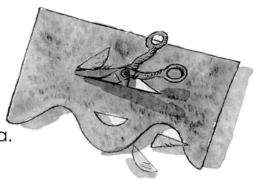

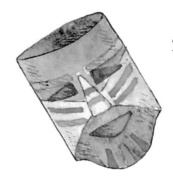

2. Decora la máscara con tiras
de cartulina de colores.
Dobla los extremos de los
bordes superiores y únelos
en el centro.

3. Corta tiras estrechas de
cartulina azul y blanca.
Riza las tiras con unas tijeras.

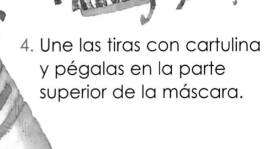

4. Une las tiras con cartulina
y pégalas en la parte
superior de la máscara.

¡Ya está!

Bienvenidos a Rueda

Llegó el gran momento. Todos están listos para el viaje.
Destino: el planeta Rueda.

Todos los habitantes de Rueda están esperando a nuestros amigos.

Colorín, colorado, este cuento se ha acabado.

Para hablar

Todos hablamos español pero...

Yo soy de Chile y lo llamo **torta**.

Yo soy de Puerto Rico y lo llamo **bizcocho**.

Yo soy de México y lo llamo **pastel**.

Nosotras somos de los Estados Unidos y lo llamamos "cake".

Yo soy de España y lo llamo **tarta**.

¿Cómo lo llaman ustedes?

Yo soy de ████
y lo llamo **chupete.**

Yo soy de ████
y lo llamo **paleta.**

Yo soy de ████
y lo llamo **paleta.**

Yo soy de ████
y lo llamo **piruleta.**

Nosotros somos de ████
y lo llamamos "lollipop".

67

Más palabras

Yo soy de ▭ y lo llamo **camión.**

Yo soy de ▭ y lo llamo **guagua.**

Yo soy de ▭ y lo llamo **bus.**

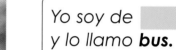

Yo soy de ▭ y lo llamo **autobús.**

Nosotros somos de ▭ y lo llamamos "bus".

Todo es ronda

Los astros son rondas de niños
jugando la Tierra a espiar...
Los trigos son talles de niñas
jugando a ondular..., a ondular...

Los ríos son rondas de niños
jugando a encontrarse en el mar...
Las olas son rondas de niñas
jugando la Tierra a abrazar...

GABRIELA MISTRAL

Versos

1 Escucha.

El agua que está en la alberca

El agua que está en la alberca
y el verde chopo son novios
y se miran todo el día
el uno al otro.

PEDRO SALINAS

Parábola

Era un niño que soñaba
un caballo de cartón.
Abrió los ojos el niño
y el caballito no vio.

ANTONIO MACHADO

2 Ahora, aprende la poesía que más te gusta.

3 Recita.

70

Las nuevas galletas de Rueda

• *¡Manos a la obra!*

1. Lava y limpia bien las fresas.

2. Haz jugo con las naranjas.
   Mezcla el azúcar con el jugo.

3. Pon las fresas en el jugo.
   Aplasta las fresas
   con un tenedor.

4. Extiende la pasta de fresas
   y jugo sobre seis galletas.
   Pon otra galleta encima.

¡Ya está!

Mi diccionario

A

aguja
needle

ala
wing

ambulancia
ambulance

anteojos
glasses

ayudar
to help

B

bañera
bathtub

blusa
blouse

bolsillo
pocket

bota
boot

bufanda
scarf

C

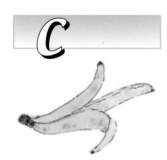

cáscara de banana
banana peel

catarata
waterfall

72

chimenea
chimney

corbata
tie

descansar
to rest

cien
one hundred

cráter
crater

ducharse
to shower

círculo
circle

cuerda
rope

E

enfermo/a
sick

collar
necklace

D

desayuno
breakfast

enojarse
to get angry

esconderse
to hide

espiral
spiral

estrecho/a
narrow

F

falda
skirt

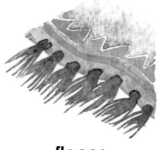

flecos
fringe

fuego
fire

G

guante
glove

H

helicóptero
helicopter

I

isla
island

J

juguete
toy

L

lana
wool

lengua
tongue

limpiar
to clean

mapa
map

moto
motorcycle

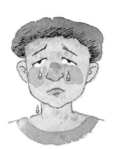

llorar
to cry

máscara
mask

nadar
to swim

llover
to rain

mochila
backpack

nevera
refrigerator

maíz
corn

mosca
fly

oso
bear

75

P

pato
duck

pincel
paintbrush

pulgada
inch

R

peine
comb

pirámide
pyramid

radio
radio

pelo
hair

poncho
poncho

rascacielos
skyscraper

periódico
newspaper

pueblo
town

reina
queen

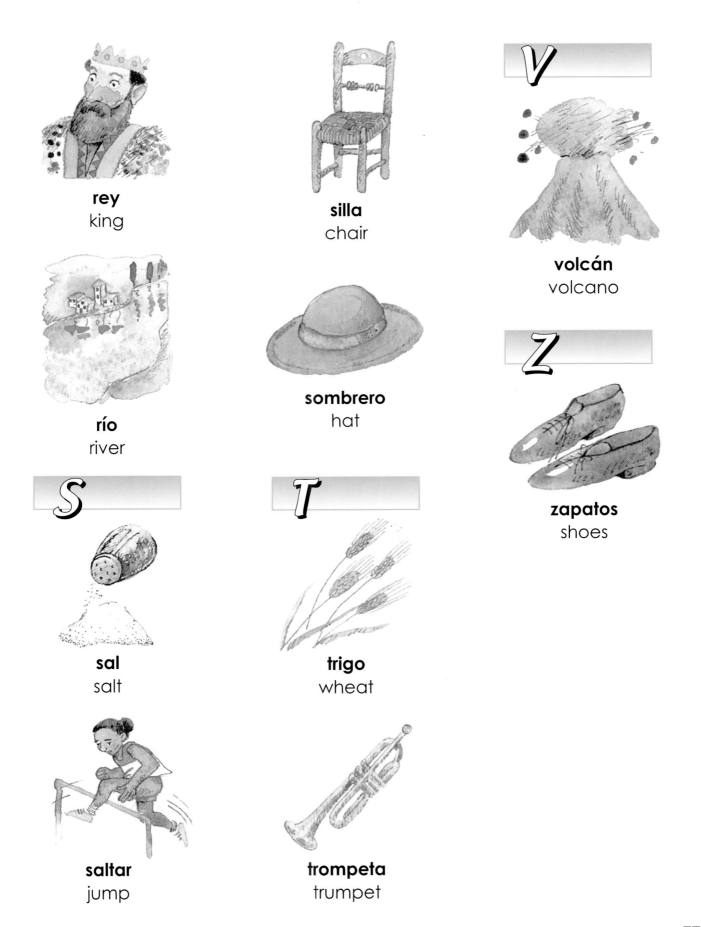

rey
king

silla
chair

V

volcán
volcano

río
river

sombrero
hat

Z

zapatos
shoes

S

sal
salt

T

trigo
wheat

saltar
jump

trompeta
trumpet

Vocabulario activo

U

V

Y